"E VÓS, QUEM DIZEIS
QUE EU SOU?"

Dados Internacionais de Catalogação na Publicação (CIP)
(Câmara Brasileira do Livro, SP, Brasil)

Cantalamessa, Raniero
  "E vós, quem dizeis que eu sou?" : sobre a divindade da pessoa de Cristo / Raniero Cantalamessa ; tradução de Ricardo Luiz Farias. 1. ed. Petrópolis, RJ : Vozes, 2023.
  Título original: "Voi, chi dite che io sia?"

  1ª reimpressão, 2024.

  ISBN 978-65-5713-941-7

  1. Devoção a Deus 2. Igreja Católica 3. Jesus Cristo – Apreciação 4. Reflexões teológicas 5. Santidade – Cristianismo I. Título.

23-157031   CDD-232.8

Índices para catálogo sistemático:
1. Jesus Cristo : Divindade : Cristologia 232.8

Aline Graziele Benitez – Bibliotecária – CRB-1/3129

RANIERO CANTALAMESSA

"E VÓS, QUEM DIZEIS QUE EU SOU?"

Sobre a divindade da pessoa de Cristo

Tradução de Ricardo Luiz Farias, OFMCap

Petrópolis

© 2021 Edizioni San Paolo s.r.l.
Piazza Soncino 5 – 20092 Cinisello Balsamo (Milão) – Itália
www.edizionisanpaolo.it

Tradução do original em italiano intitulado *"Voi, chi dite che io sai?"* –
Sull'umanità , la divinità e la Persona di Cristo.

Direitos de publicação em língua portuguesa – Brasil:
2023, Editora Vozes Ltda.
Rua Frei Luís, 100
25689-900 Petrópolis, RJ
www.vozes.com.br
Brasil

Todos os direitos reservados. Nenhuma parte desta obra poderá ser reproduzida
ou transmitida por qualquer forma e/ou quaisquer meios (eletrônico ou mecânico,
incluindo fotocópia e gravação) ou arquivada em qualquer sistema ou banco de
dados sem permissão escrita da editora.

CONSELHO EDITORIAL

Diretor
Volney J. Berkenbrock

Editores
Aline dos Santos Carneiro
Edrian Josué Pasini
Marilac Loraine Oleniki
Welder Lancieri Marchini

Conselheiros
Elói Dionísio Piva
Francisco Morás
Gilberto Gonçalves Garcia
Ludovico Garmus
Teobaldo Heidemann

Secretário executivo
Leonardo A.R.T. dos Santos

PRODUÇÃO EDITORIAL

Aline L.R. de Barros
Marcelo Telles
Mirela de Oliveira
Otaviano M. Cunha
Rafael de Oliveira
Samuel Rezende
Vanessa Luz
Verônica M. Guedes

Conselho de projetos editoriais
Isabelle Theodora R.S. Martins
Luísa Ramos M. Lorenzi
Natália França
Priscilla A.F. Alves

Editoração: Andrea Bassoto
Diagramação: Sheilandre Desenv. Gráfico
Revisão gráfica: Lorena Delduca Herédias
Capa: SGDesign

ISBN 978-65-5713-941-7 (Brasil)
ISBN 978-88-9222-673-9 (Itália)

Este livro foi composto e impresso pela Editora Vozes Ltda.

Sumário

Premissa, 7

Primeira parte – "Tu és o Santo de Deus!", 11

1 O dogma de Cristo "verdadeiro homem", 13

2 Cristo "homem perfeito", 23

3 A santidade de Cristo, 29

4 Santos por usurpação!, 37

Segunda parte "Deus verdadeiro de Deus verdadeiro", 47

1 Jesus Cristo verdadeiro Deus, 49

2 O dogma de Cristo "verdadeiro Deus", 51

3 Cristo "verdadeiro Deus" nos evangelhos, 61

4 *"Corde creditur*: crê-se com o coração", 69

5 Ecumenismo e evangelização, 75

6 "Conhecer Cristo é reconhecer os seus benefícios", 79

Terceira parte "É assim que eu conheço Cristo...", 83

1 Jesus, "uma pessoa", 85

2 Do adjetivo "una" ao substantivo "pessoa", 89

3 Pessoa é ser-em-relação, 95

4 Cristo, pessoa "divina", 99

5 "Quem nos separará do amor de Cristo?", 105

Premissa

Dedico estas breves reflexões aos veneráveis padres, irmãos e irmãs que, junto ao Santo Padre, o Papa Francisco, escutaram-nas ao vivo na Sala Paulo VI durante a Quaresma de 2021. De maneira mais especial, dedico-as a uma categoria de pessoas ausentes naquela ocasião: aos seminaristas que se preparam ao sacerdócio, aos catequistas, àqueles que lecionam religião nas escolas ou, simplesmente, que estão curiosos para saber quem é Jesus e o que a Igreja diz sobre Ele. Não porque nestas reflexões haja algo novo e original, mas porque nelas tenho me esforçado para dizer o *essencial* sobre a pessoa de Jesus Cristo no modo mais *existencial* – e mais breve – possível, e, por isso, ao alcance de todos. Acrescento, neste espaço, alguns pensamentos que os limites de tempo destinados às pregações não me permitiram desenvolver oralmente.

O leitor não se surpreenderá, espero, ao reencontrar também neste pequeno texto alguns pensamentos expressados já em outros livros meus. De um pregador não se deveria esperar que dissesse sempre coisas novas, mas, sim, coisas sempre úteis e atuais. *"Non nova ut sciatis, sed vetera ut faciatis"*, dizia um antigo adágio: "Não coisas novas para aprender, mas coisas antigas para praticar". E, neste caso, para crer.

Primeira parte

"Tu és o Santo de Deus!"

1
O *dogma de Cristo "verdadeiro homem"*

O pensamento moderno, iluminista, nasce sob o signo da máxima de viver *"etsi Deus non daretur"*, "como se Deus não existisse". O pastor Dietrich Bonhoeffer retomou essa máxima, buscando dar-lhe um conteúdo cristão positivo. Em suas intenções, não era uma concessão ao ateísmo, mas um programa de vida espiritual: fazer o próprio dever também quando Deus parecer ausente; em outras palavras, não fazer dele um "Deus tapa-buracos", sempre pronto a intervir onde o homem falhou.

Também nesta versão, a máxima é discutível e foi, justamente, contestada. Mas a nós, neste momento, ela interessa por outra razão. Existe um perigo mortal para a Igreja, e é o de viver *"etsi*

Christus non daretur", como se Cristo não existisse. É o pressuposto com o qual o mundo e seus meios de comunicação falam todo o tempo da Igreja. Sobre ela, interessam a história (sobretudo a negativa, não a da santidade), a organização, o ponto de vista sobre os problemas do momento, os fatos e as fofocas dentro dela. Raramente, nesse contexto, encontra-se mencionada alguma vez a pessoa de Jesus. Há alguns anos foi proposta a ideia de uma possível aliança entre fiéis e não fiéis, baseada nos valores civis e éticos comuns, nas raízes cristãs da cultura e assim por diante. Um pacto, em outras palavras, não baseado no que aconteceu no mundo com a vinda de Cristo, mas no que aconteceu em seguida, depois dele.

A isso se acrescenta um fato objetivo e, infelizmente, inevitável. Cristo não entra em questão em nenhum dos três diálogos mais vivazes em curso hoje entre a Igreja e o mundo. Não entra no diálogo entre fé e filosofia, porque a filosofia se ocupa de conceitos metafísicos, não de realidades históricas, e Jesus de Nazaré, por sorte nossa, não é um conceito metafísico, mas uma pessoa histórica de fato; não entra no diálogo com a ciência, com a qual se pode unicamente discutir sobre a existência ou não de um Deus criador e de um projeto inteligente abaixo da evolução; não entra, enfim, no diálogo inter-religioso, que se ocupa do que as religiões podem fazer juntas, em nome de Deus, pelo bem da humanidade: pela paz, pela justiça e pela salvaguarda da criação.

Na preocupação – além do mais, justíssima – de responder às exigências e às provocações da história e da cultura, corremos o perigo mortal de nos comportarmos, também nós, fiéis, *"etsi Christus non daretur"*, como se fosse possível falar da Igreja prescindindo de Cristo e do seu Evangelho. Tocaram-me fortemente as palavras pronunciadas pelo Santo Padre na Audiência Geral de 25 de novembro de 2021. Disse – e entendeu-se pelo tom de voz que isso o tocava profundamente:

> Aqui [At 2,42] encontramos quatro caraterísticas essenciais da vida eclesial: primeira, a escuta do ensinamento dos apóstolos; segunda, a salvaguarda da comunhão recíproca; terceira, a fração do pão; e quarta, a oração. Elas nos lembram que *a existência da Igreja tem sentido se permanecer firmemente unida a Cristo,* isto é, na comunidade, na sua Palavra, na

Eucaristia e na oração. É o modo de nos unirmos a Cristo [...]. Na Igreja, tudo o que cresce fora dessas "coordenadas" está desprovido de fundamento.

As quatro coordenadas da Igreja, como se vê, reduzem-se, nas palavras do papa, a uma só: permanecer ancorada em Cristo. Tudo isso fez nascer em mim o desejo de dedicar estas meditações quaresmais à pessoa de Jesus Cristo. Tive que superar, eu mesmo por primeiro, uma objeção. Um olhar no índice dos documentos do Vaticano II, no verbete "Jesus Cristo", ou uma rápida passagem pelos documentos pontifícios dos últimos anos, fala-nos dele infinitamente mais do que podemos dizer nestas breves meditações quaresmais. Qual é, então, a utilidade de escolher este tema? É que aqui se falará somente dele, como se existisse só Ele, e valesse a pena se ocupar só dele (o que é, definitivamente, a verdade!).

Da minha experiência com a televisão aprendi uma coisa. Existem vários modos de enquadrar uma pessoa. Há o "plano total", no qual se enquadra quem fala com tudo o que o circunda; há o "primeiro plano", no qual se enquadra somente a pessoa que fala; há o "plano americano", que mostra a pessoa dos joelhos para cima; há, enfim, o chamado "primeiríssimo plano", no qual se enquadra apenas o rosto, ou mesmo somente os olhos de quem fala. Eis o que, nestas meditações, nós nos propomos fazer, primeiríssimos planos sobre a pessoa de Jesus Cristo. Alguém escreveu que, no ícone bizantino, o corpo serve de suporte e o rosto serve de quadro para os olhos. Queremos fazer algo desse tipo nestas páginas.

O nosso intuito não é apologético, mas espiritual. Em outras palavras, não falamos para convencer os outros, os não fiéis, de que Jesus Cristo é o Senhor, mas para que Ele se torne sempre mais realmente o Senhor da nossa vida, o nosso tudo, ao ponto de nos sentirmos também nós, como o apóstolo, "alcançados por Cristo" (Fl 3,12) e poder dizer com Ele, ao menos como desejo: "Para mim, de fato, o viver é Cristo" (Fl 1,21).

A pergunta mais importante que nos acompanhará não será, portanto: "Que lugar Jesus ocupa hoje no mundo ou na Igreja?", mas: "Que lugar Jesus ocupa na minha vida?". Da primeira pergunta nós nos ocuparemos apenas na medida em que for necessária para entender a segunda.

Será isso, além de tudo, o melhor meio para estimular outros a se interessarem por Cristo; em outras palavras, o modo mais eficaz de fazer evangelização.

Mas, primeiramente, um esclarecimento. De qual Cristo pensamos falar? Existem, de fato, diversos "Cristos": há o Cristo dos historiadores, dos teólogos, dos poetas, dos cineastas. Fala-se até mesmo de um Cristo dos ateus![1] Falaremos do Cristo dos Evangelhos e da Igreja. Mais precisamente, do Cristo do dogma católico que o Concílio de Calcedônia de 451 definiu em termos que, de vez em quando, é bom voltar a escutar, ao menos em parte, no texto original:

Na sequência dos Santos Padres, ensinamos unanimemente que se confesse

> um só e mesmo Filho, nosso Senhor Jesus Cristo, igualmente perfeito na divindade e perfeito na humanidade, sendo Ele verdadeiramente Deus e verdadeiramente homem, composto duma alma racional e dum corpo, consubstancial ao Pai pela sua divindade, consubstancial a nós pela sua humanidade, "semelhante

---

1. Cf. MACHOVEC, M. *Gesú per gli atei*. Assis: Cittadella, 1973.

a nós em tudo, menos no pecado" [...]. Um só e mesmo Cristo, Senhor, Filho Único, que devemos reconhecer em duas naturezas [...]. A diferença das naturezas não é abolida pela sua união; antes, as propriedades de cada uma são salvaguardadas e reunidas numa só pessoa e numa só hipóstase[2].

Podemos falar de um triângulo dogmático sobre Cristo: os dois lados são a humanidade e a divindade de Cristo, e o vértice a unidade da sua pessoa.

O dogma cristológico não quer ser uma síntese de todos os dados bíblicos, uma espécie de destilado que encerra em si toda a imensa riqueza das afirmações relativas a Cristo que se leem no Novo Testamento, reduzindo o tudo à sucinta e árida fórmula: "duas naturezas, uma só pessoa". Se assim fosse, o dogma seria tremendamente reducionista e até perigoso. Mas não é assim. Seria como a ponta de um cone privado de sua base. A Igreja crê e prega de Cristo tudo o que o Novo Testamento afirma dele, sem exceção. Mediante

---

2. DENZINGER-SCHÖENMETZER. *Enchiridion symbolorum*, nn. 301-302.

o dogma, buscou somente traçar um quadro de referência, estabelecer uma espécie de "lei fundamental" que toda afirmação sobre Cristo deve respeitar. Tudo o que se diz de Cristo deve, assim, respeitar esse dado certo e indiscutível, isto é: que Ele é Deus e homem ao mesmo *tempo*; mais precisamente, na mesma *pessoa*.

Os dogmas são "estruturas abertas", prontas para acolher tudo o que de novo e genuíno cada época descobre na palavra de Deus, em torno daquelas verdades que eles pretenderam definir, não encerrar. São abertos a evoluir a partir de seu interior, desde que sempre "no mesmo sentido e na mesma linha", isto é, sem que a interpretação dada em uma época contradiga a da época precedente.

Aproximar-se de Cristo pelo dogma não significa, por isso, resignar-se em repetir exaustivamente sempre as mesmas coisas sobre Ele, talvez mudando apenas as palavras. Significa ler a Escritura na Tradição, com os olhos da Igreja, isto é, lê-la de modo sempre antigo e sempre novo. É conhecido o juízo de Chesterton sobre a ortodoxia:

> Alguns assumiram o tolo hábito de falar da ortodoxia como de algo pesado, mo-

nótono e seguro. Ao contrário, não há nada de tão perigoso e tão estimulante como a ortodoxia: a ortodoxia é a sabedoria, e ser sábio é mais dramático que ser louco; é o equilíbrio de um homem sobre cavalos que correm ao precipício, que parece se inclinar de um lado, pende da outra parte e, ainda assim, em cada postura, conserva a graça da estatuária e a precisão da aritmética[3].

---

3. Cf. CHESTERTON, G.K. *Ortodossia*, 1908.

2
Cristo "homem perfeito"

Vejamos o que significa tudo isso aplicado ao dogma da perfeita humanidade de Cristo. Durante a vida terrena de Jesus, ninguém jamais pensou em pôr em dúvida a realidade da humanidade de Cristo, isto é, o fato de que Ele fosse realmente um homem como os outros. Não era o carpinteiro, filho de Maria? (cf. Mc 6,3). Quando fala da humanidade de Jesus, o Novo Testamento se mostra interessado mais pela *santidade* dela do que pela *verdade* ou realidade dela, mais do que pela sua perfeição moral do que pela sua completude ontológica.

No momento do Concílio de Calcedônia, essa ideia da humanidade de Cristo não mudou, mas a atenção não é mais sobre ela. Contra a heresia docetista, a Igreja teve que afirmar que Cristo tivera uma verdadeira carne humana; contra a heresia apolinarianista, que tivera também uma alma humana, e contra a heresia monotelista, deverá combater mais tarde, no século VII, para fazer reconhecer a existência em Cristo também de uma vontade e, portanto, de uma liberdade, realmente humana. Por causa dessas heresias acenadas, todo o interesse pelo Cristo "homem" se move do problema da novidade, ou santidade, de tal humanidade, ao da sua verdade ou completude ontológica

O Novo Testamento, dizia eu, não está interessado tanto em afirmar que Jesus é um homem "verdadeiro", mas que é o homem "novo". Ele é definido por São Paulo como "o último Adão" (*eschatos*), isto é, "o homem definitivo" (cf. 1Cor 15,45ss.; Rm 5,14). Ele é a verdadeira "imagem de Deus" (Cl 1,15), à semelhança do qual foi criado o homem. Cristo revelou o homem novo, "criado à imagem de Deus, em justiça e santidade da verdade" (Ef 4,24; cf. Cl 3,10).

Tudo isso está resumido na definição de Jesus como "o Santo de Deus". No discurso de Cafarnaum, à pergunta de Jesus aos apóstolos: "Vós também quereis ir embora?", Simão Pedro responde: "A quem iremos, Senhor? Tu tens palavras de vida eterna. Nós cremos firmemente e reconhecemos que Tu és o Santo de Deus" (Jo 6,68-69).

Uma outra vez a exclamação ressoa nos Evangelhos, no mesmo lugar – a sinagoga de Cafarnaum –, mas acompanhada de sentimentos diametralmente opostos.

> Jesus desceu a Cafarnaum, cidade da Galileia, e aí ensinava-os aos sábados. As pessoas ficavam admiradas com o seu ensinamento, porque Jesus falava com autoridade. Na sinagoga, havia um homem possuído pelo espírito de um demônio impuro, que gritou em alta voz: "Que queres de nós, Jesus Nazareno? Vieste para nos destruir? Eu sei quem Tu és: Tu és o Santo de Deus!" (Lc 4,31-34).

O endemoniado não conseguia suportar a santidade que irradiava a pessoa do Cristo. É forçado a proclamar a verdade, mesmo se o faz rangendo os dentes. Essa é uma espécie de "contraprova" da santidade de Jesus.

Para o Novo Testamento, Jesus não é tanto o homem que se assemelha a todos os outros homens quanto o homem ao qual todos os outros devem se assemelhar. Somente dele se deve dizer o que os filósofos gregos diziam do homem em geral, isto é, que Ele é "a medida de todas as coisas".

Uma vez posto a salvo o dado dogmático e ontológico da perfeita humanidade de Cristo, hoje nós podemos voltar a valorizar esse dado bíblico originário. Devemos fazê-lo também por outro motivo. Ninguém hoje nega que Jesus tenha sido um homem, como faziam os docetistas e os outros negadores da plena humanidade de Cristo. Assiste-se, antes, a um fenômeno estranho e inquietante: a "verdadeira" humanidade de Cristo é afirmada em tácita alternativa à sua divindade, como uma espécie de contrapeso.

É uma espécie de corrida geral para quem se lança mais à frente em afirmar a "plena" humanidade de Jesus de Nazaré, até a lhe atribuir não apenas o sofrimento, a angústia, a tentação, mas também a dúvida e até mesmo a possibilidade de cometer erros. Assim, o dogma de Jesus "verdadeiro homem" tornou-se ou uma verdade pressuposta que não incomoda e não inquieta ninguém; ou, pior, uma verdade perigosa que serve para legitimar, ao invés de contestar, o pensamento secular. Afirmar a plena humanidade de Cristo é hoje como avançar por uma porta aberta.

A fonte de todas as heresias – escreveu Pascal – é a exclusão de algumas destas verdades: Jesus Cristo é Deus e homem. Os arianos, não podendo conjugar estas duas coisas que consideram incompatíveis, dizem que ele é homem; e nisso são católicos. Mas negam que seja Deus, e nisso são hereges. Pretendem que neguemos a natureza humana, e nisso são ignorantes[4].

---

4. Cf. PASCAL, B. *Pensamentos*, Brunschwicg, 1670, 862.

3
A santidade de Cristo

Dediquemos, portanto, o resto do tempo à nossa disposição para contemplar (é a palavra justa) a santidade de Cristo, a nos deixarmos deslumbrar, antes de tirar dela qualquer consequência operativa. É este o "primeiríssimo plano" sobre Jesus que queremos fazer nesta meditação: deixar-nos fascinar pela infinita beleza de Cristo, o "mais belo entre os filhos dos homens" (Sl 45,3).

A observação dos Evangelhos nos mostra que a santidade de Jesus não é um princípio abstrato ou uma dedução metafísica; é uma santidade real, vivida momento por momento e nas situações mais concretas da vida. As Bem-aventuranças, para dar um exemplo, não são apenas um belo programa de vida que Jesus traça para os outros; é a sua própria vida e a sua experiência que Ele desvela aos discípulos, chamando-os a entrar na sua mesma esfera de santidade. As Bem-aventuranças são o autorretrato de Jesus.

Ele ensina o que faz; por isso, pode dizer: "Aprendei de mim, porque sou manso e humilde de coração" (Mt 11,29). Ele diz para perdoar os inimigos, mas nos impulsiona, Ele mesmo, a perdoar até aqueles que o estão crucificando, com as palavras: "Pai, perdoa-lhes! Eles não sabem o que fazem" (Lc 23,34). Não é esse ou aquele episódio que se presta para ilustrar a santidade de Jesus, mas cada ação, cada palavra saída de sua boca. A santidade de Cristo, como a do Pai, é a santidade do amor. O filósofo Kierkegaard fez dela uma inspirada descrição, que vale a pena conhecer e meditar. Ele afirma:

> Nele, o amor era um contínuo agir. Não houve nenhum momento de sua vida, nem mesmo apenas um momento, em que o seu amor caísse no vazio de um sentimento, contentando-se com palavras que o tempo dispersa, em que houvesse uma simples impressão de agrado de si e voltada para si, sem qualquer compromisso. Não, o seu amor era um

contínuo agir; mesmo quando chorou, isto não foi um desperdício de tempo, pois Jerusalém não compreendera o que podia lhe trazer a paz (cf. Lc 19,41) [...]. O seu amor estava presente tanto nas coisas menores como nas maiores; e ele não se concentrava com maior intensidade em alguns momentos grandiosos, como se as outras horas da vida diária fossem estranhas à exigência da lei. Ele era o mesmo em cada momento: não maior quando expirou na cruz do Calvário do que quando nasceu no presépio de Belém[5].

A propósito do amor, assistimos, no Evangelho, a uma escalada vertiginosa: não odiar, passar por cima das ofensas e esquecê-las, fazer a todos o que gostaria que fosse feito a si, perdoar, rezar pelos inimigos e amá-los como a si mesmos. A exigência do seu amor não tem limites. É dele que se fala, em última análise, quando se diz: "Eu vim para lançar fogo sobre terra, e como gostaria que já estivesse aceso!" (Lc 12,49). Na cruz, dará a medida definitiva do seu amor, e é

---

5. Cf. KIERKEGAARD, S.A. *Gli atti dell'amore*. Milão, 1983, p. 260.

de lá que o fogo se difundirá. Jesus revelou que há algo mais nobre do que o amor da beleza, e é a beleza do amor.

Ao lado desse elemento positivo que consiste na constante e absoluta adesão à vontade do Pai, a santidade de Cristo também apresenta um elemento negativo, que é a absoluta falta de todo pecado: "Quem de vós pode acusar-me de pecado?", diz Jesus aos seus adversários (Jo 8,46). Sobre esse ponto temos um coro unânime de testemunhos apostólicos: "Aquele que não conheceu pecado" (2Cor 5,21); "ele não cometeu pecado algum, nenhum engodo foi encontrado em sua boca" (1Pd 2,22); "ele mesmo foi tentado em tudo, à nossa semelhança, sem, todavia, pecar" (Hb 4,15); "tal precisamente o sumo sacerdote que nos convinha: santo, inocente, sem mancha, separado dos pecadores" (Hb 7,26). João, na primeira carta, não se cansa de proclamar: "Ele é puro [...]; nele, não há pecado [...]; ele é justo" (1Jo 3,3-7).

A consciência de Jesus é um cristal transparente. Jamais, ainda que mínima, admissão de culpa, ou pedido de desculpas ou de perdão, nem diante de Deus nem dos homens. Sempre a tranquila certeza de estar na verdade e na justiça, de ter agido bem; que é completamente diferente da presunção humana de justiça. Nenhum outro personagem da história ousou dizer a mesma coisa sobre si mesmo.

Uma tal ausência de culpa – e de admissão de culpa! – não está ligada a essa ou àquela passagem ou frase do Evangelho, de cuja historicidade se possa duvidar; ela transpira de todo o Evangelho. É um estilo de vida que se reflete em tudo. Pode-se buscar nas brechas mais estreitas dos Evangelhos e o resultado é sempre o mesmo. Não basta, para explicar tudo isso, a ideia de uma humanidade excepcionalmente santa e exemplar. Esta, de fato, seria até desmentida por aquilo. Uma tal segurança, uma tal exclusão de pecado, como aquelas que se notam em Jesus, indicaria, sim, uma humanidade excepcional, mas excepcional no orgulho, não na santidade. Uma consciência assim feita ou é em si mesma o maior pecado jamais cometido, maior do que o de Lúcifer, ou, então, é a pura verdade. A ressurreição de Cristo é a prova concreta de que era a pura verdade.

E, contudo, a santidade de Jesus é uma santidade excepcionalmente humana nas formas e nas manifestações. Mais do que qualquer outro no mundo, Ele pode fazer sua a antiga afirmação: "Sou humano, nada do que é humano me é estranho"[6]. Ele conhece toda a gama de sentimentos humanos: amizade; ternura, especialmente para com as crianças; indignação diante da hipocrisia; poesia diante da criação. Os pássaros nos ramos, as flores dos prados, as ovelhas, os doentes, os pobres: todo o mundo que o circunda forma o tecido no qual a sua psique encontrava profundos reflexos e do qual recolhia harmonias e contradições, que elaborava e depois traduzia em parábolas inimitáveis pela simplicidade e pela profundidade.

É aberto à vida e a quanto ela lhe apresenta. Ama a alegria, por isso se entretém de bom grado com seus amigos, que lhe dão momentos de alívio e conforto. Os Evangelhos não nos transmitem além de notícias essenciais sobre Jesus, aquelas que serviam para a formação da comunidade cristã; mas tudo nos faz pensar que, também durante a vida pública, às vezes Ele tenha ganhado para viver, ajudando, Ele e seus apósto-

---

6. Cf. AFRO, P.T. *Heautontimorùmenos*, v. 77: "*Homo sum, humani nihil a me alienum puto*".

los, os camponeses do lugar em alguns trabalhos nos campos. Assim fará mais tarde Francisco de Assis com seus companheiros. E como duvidar de que, vivendo às margens do lago de Tiberíades, no calor do verão, às vezes tenha mergulhado para nadar em suas águas, quem sabe, disputando com seus primeiros discípulos pescadores e, tenho certeza, vencendo-os todos?

Gosta de ser amado e retribui tais desejos. A Betânia ia de bom grado todas as vezes que podia. Também aceitava ter refeições com os publicanos. Não era um asceta como o seu primo João. Passava longo tempo em oração e jejuou por 40 dias no deserto, mas, conforme a ocasião, também bebia vinho para participar da alegria do convívio. Bebeu-o na última ceia e, certamente, também em Caná da Galileia, após ter transformado nele a água das talhas de pedra. A santidade de Jesus, durante a sua vida, não é uma santidade clerical, mas laical.

4
Santos por usurpação!

Passemos, agora, a ver o que a santidade de Cristo significa para nós. E aqui nos vem ao encontro imediatamente uma boa notícia. Há, de fato, uma boa notícia, um alegre anúncio, também a propósito da santidade de Cristo. Não é tanto que Jesus é o Santo de Deus ou o fato de que também nós devemos ser santos e imaculados. Não. A alegre surpresa é que Jesus comunica, doa, presenteia-nos com a sua santidade, que a sua santidade é também a nossa. E mais: que Ele mesmo é a nossa santidade.

Cada pai humano pode transmitir aos filhos o que tem, mas não o que é. Se for um artista, um cientista, ou também um santo, não é certo que os filhos nasçam também eles artistas, cientistas ou santos. Ele pode, no máximo, ensinar-lhes, dar-lhes um exemplo, mas isso não pode ser transmitido quase como por herança. Jesus, ao invés disso, no batismo, não somente nos transmite o que tem, mas também o que é. Ele é santo e nos faz santos; é Filho de Deus e nos faz filhos de Deus.

Reafirma-o também o Vaticano II:

> Os seguidores de Cristo, chamados por Deus e justificados no Senhor Jesus, não por merecimento próprio, mas pela vontade e graça de Deus, são feitos, pelo Batismo da fé, verdadeiramente filhos e participantes da natureza divina e, por conseguinte, realmente santos (LG, n. 40).

A santidade cristã, antes de ser um *dever*, é um *dom*.

O que fazer para acolher esse dom e como fazer dele, por assim dizer, uma experiência vivida e não apenas acreditada? A primeira e fundamental resposta é a fé. Não uma fé qualquer, mas a fé mediante a qual nos apropriamos do que Cristo adquiriu para nós. A fé que dá o golpe de audácia e o que faz dar o golpe de mestre à nossa vida cristã. Paulo escreveu: "Cristo Jesus [...] o qual se tornou para nós, da parte de Deus, sabedoria, justiça, santificação e redenção, para que, como está escrito, 'quem se gloria, no Senhor se glorie'" (1Cor 1,30-31). O que Cristo se tornou "para nós" – justiça, santidade e redenção – pertence-nos; é mais nosso do que se o tivéssemos feito nós! "Pois como não pertencemos mais a nós mesmos, mas a Cristo que nos readquiriu a um alto preço, daí segue-se que – escreve o grande mestre bizantino Cabásilas – o que é de Cristo nos pertence, é mais nosso do que aquilo que provém de nós[7]. A esse respeito jamais me canso de repetir o que escreveu São Bernardo:

> Eu, na verdade, tomo confiantemente para mim (no original, *usurpo*!), das vísceras do Senhor, o que me falta, porque elas transbordam de misericórdia. [...] O meu mérito, portanto, é a misericórdia do Senhor. Certamente, não serei privado de mérito enquanto o Senhor não for privado de misericórdia. Se as misericórdias do Senhor são muitas, também eu sou muito grande no que se refere aos méritos. [...] Cantarei talvez a minha justiça? "Senhor, quero lembrar-me só da tua justiça" (cf. Sl 71,16). Esta,

---

7. Cf. CABÁSILAS. *A vida em Cristo*, IV, 6, p. 150, 613.

na verdade, é também minha; porque te fizeste para mim justiça da parte de Deus (cf. 1Cor 1,30)[8].

Não devemos nos resignar em morrer antes de ter feito, ou renovado, essa espécie de "ataque surpresa", a nós sugerido por São Bernardo, esse santo atrevimento! São Paulo frequentemente exorta os cristãos a se "despojarem do homem velho" e se "vestirem de Cristo"[9]. A imagem do despir-se e revestir-se não indica uma operação somente ascética, consistente no abandonar certos "hábitos" e substituí-los por outros, isto é, no abandonar os vícios e adquirir as virtudes. É, primeiramente, uma operação a ser feita mediante a fé. Em um momento de oração, no tempo de Quaresma, alguém se põe diante do crucifixo e, com um ato de fé, entrega-lhe os próprios pecados, a própria miséria passada e presente, como quem se despoja e joga no fogo os próprios trapos sujos; depois se reveste da justiça que Cristo adquiriu para Ele. Diz, como o publicano no templo: "Meu Deus, sê propício para mim, que

---

8. Cf. BERNARDO. *Sermões sobre o cântico dos cânticos*, 61, 4-5 (PL 183, 1072).
9. Cf. Cl 3,9; Rm 13,14; Gl 3,27; Ef 4,24.

sou pecador!", e volta para casa "justificado" (cf. Lc 18,13-14).

Alguns padres da Igreja encerraram em uma imagem esse grandioso segredo da vida cristã. Imagine, dizem, que tenha acontecido no estádio uma luta épica. Um valente enfrentou o cruel tirano que mantinha cativa a cidade e, com imensa fadiga e sofrimento, venceu-o. Você estava abrigado, não combateu, não labutou nem teve feridas. Mas, se admira o valente, se se alegra com ele pela sua vitória, se lhe trança coroas, anima-se e estimula a assembleia por ele, se se inclina com alegria ao triunfante, beija-lhe a fronte e lhe aperta a mão; enfim, se delira por ele a ponto de considerar como sua a vitória, eu lhe digo que certamente terá parte no prêmio do vencedor. Mas há ainda mais: suponha que o vencedor não tenha nenhuma necessidade do prêmio conquistado para si, mas você deseja, mais do que tudo, ver honrado o seu artífice, e considera como prêmio do seu combate a coroação do amigo, nesse caso, aquele homem talvez não receberá a coroa, ainda que não tenha fadigado nem se ferido? Claro que a receberá!

Assim, dizem esses padres, acontece entre Cristo e nós. É Ele o valoroso que, na cruz, venceu o grande tirano do mundo e nos restituiu a vida[10]. De nós espera-se que não sejamos "espectadores" distraídos por tanta dor e tanto amor.

Escreve São João Crisóstomo:

> Nós não ensanguentamos as armas, não estivemos no combate, não fomos feridos nem vimos a luta; no entanto, alcançamos a vitória. O combate foi do Senhor e a coroa foi nossa. Ora, como a vitória também é nossa, imitemos os soldados e cantemos hoje, com vozes alegres, os louvores e cânticos da vitória. Digamos, louvando o Senhor[11].

Naturalmente, nem tudo termina aqui. Da *apropriação* devemos passar à *imitação*. O texto do Concílio recordado sobre a santidade como dom (LG 40) prossegue dizendo:

> É necessário, portanto, que, com o auxílio divino, conservem e aperfeiçoem, vivendo-a, esta santidade que receberam. O apóstolo admoesta-os a que vivam "como convém a santos" (Ef 5,3),

---

10. Cf. CABÁSILAS. *Vida em Cristo*, 5, p. 150, 516ss.
11. Cf. CRISÓSTOMO. *De coemeterio et de cruce*, p. 49, 396.

"como eleitos de Deus, santos e amados, se vistam de sentimentos de compaixão, com bondade, humildade, mansidão e paciência" (Cl 3,12) e alcancem os frutos do Espírito para a santificação (cf. Gl 5,22; Rm 6,22).

Mas temos tantas outras ocasiões para falar e ouvir falar do dever de imitar Cristo e cultivar as virtudes que, por uma vez, é bom nos determos aqui. Também porque se não dermos aquele primeiro salto na fé que nos abre à graça de Deus, jamais iremos muito longe na imitação. "Não se chega das virtudes à fé – dizia São Gregório Magno –, mas da fé às virtudes"[12].

Se não quisermos nos despedir sem ao menos um pequeno propósito prático, eis aqui um que pode nos ajudar. A santidade de Jesus consistia em fazer sempre o que agradava ao Pai. "Eu sempre faço – dizia – o que é do seu agrado" (Jo 8,29). Tentemos nos perguntar o mais frequentemente que pudermos, diante de toda decisão a se tomar e a toda resposta a dar: "Qual é, no caso presente, a coisa que Jesus gostaria que eu fizesse?", e fazê-la sem adiar. Saber qual

---

12. Cf. MAGNO, S.G. *Homilia sobre Ezequiel*, II, 7 (PL 76, 1018).

é a vontade de Jesus é mais fácil que saber, em abstrato, qual é "a vontade de Deus" (ainda que as duas coincidam de fato). Para conhecer a vontade de Jesus não devemos fazer outra coisa senão recordar o que diz no Evangelho. O Espírito Santo está ali, pronto para nos recordá-lo.

Segunda parte

"Deus verdadeiro de Deus verdadeiro"

1
Jesus Cristo verdadeiro Deus

Recordo brevemente o tema e o espírito destas meditações quaresmais. Propusemo-nos em reagir à tendência difundidíssima de falar da Igreja *"etsi Christus non daretur"*, como se Cristo não existisse, como se fosse possível entender tudo dela, prescindindo dele. Propusemo-nos, porém, em reagir a isso de modo diverso do habitual: não buscando convencer o mundo e seus meios de comunicação de erro, mas renovando e intensificando a nossa fé em Cristo. Não em chave apologética, mas espiritual.

Para falar de Cristo escolhemos a via mais segura, que é a do dogma: Cristo verdadeiro homem, Cristo verdadeiro Deus, Cristo uma só pessoa. O caminho do dogma é velho e ultrapassado. Após o juízo de Chesterton sobre a ortodoxia, escutemos o de outro pensador, que é um dos máximos representantes do pensamento moderno existencial:

> A terminologia dogmática da Igreja primitiva – escreveu Kierkegaard, um dos maiores representantes do pensamento moderno existencialista – é como um castelo encantado, onde repousam em um sono profundo os príncipes e as princesas mais graciosos. Basta apenas despertá-los para que se levantem em toda a sua glória[13].

Assim, trata-se justamente disto: de despertar os dogmas, de infundir neles vida, como quando o Espírito entrou nos ossos ressequidos vistos por Ezequiel e "eles viveram e se puseram de pé" (Ez 37,10). Na vez passada, buscamos fazer isso em relação ao dogma de Jesus "verdadeiro homem"; hoje, queremos fazê-lo com o dogma de Cristo "verdadeiro Deus".

---

13. Cf. KIERKEGAARD, S.A. *Diario*, II, A 110, 1837.

2
O *dogma de Cristo*
"verdadeiro Deus"

Em 111 ou 112 depois de Cristo, Plínio o Jovem, governador da Bitínia e do Ponto, escreveu uma carta ao Imperador Trajano, pedindo-lhe indicações sobre como se comportar nos processos instaurados contra os cristãos. Segundo as informações tomadas – escreve ao imperador – "toda a sua culpa ou erro consistia em se reunirem habitualmente em um dia estabelecido antes da aurora e entoar, em coros alternados, um hino a Cristo como a um Deus": *"carmen Christo quasi Deo dicere"*[14]. Estamos na Ásia Menor, há poucos anos da morte do último apóstolo, João, e os cristãos proclamam já no canto a divindade

---

14. Cf. PLÍNIO O JOVEM. *Epistularum liber*, X, 96.

de Cristo! A fé na divindade de Cristo nasce com o nascer da Igreja.

Mas o que é dessa fé hoje? Façamos, primeiramente, uma breve reconstrução da história do dogma da divindade de Cristo. Enquanto a fé cristã permanecera restrita aos âmbitos bíblico e judaico, a proclamação de Jesus como Senhor (*Kyrios*) satisfazia a todas as exigências da fé cristã e justificava o culto de Jesus "como Deus". Senhor, Adonai, era para Israel um título inequívoco: pertencia apenas a Deus. Chamar Jesus de "Senhor" equivalia a proclamá-lo Deus; assim, de fato, Pedro formula a fé pascal no dia de Pentecostes: "Que todo o povo de Israel reconheça com plena certeza: Deus constituiu Senhor (*Kyrios*) e Cristo a este Jesus que vós crucificastes" (At 2,36).

Porém, tão logo o cristianismo se aproximou do mundo greco-romano circunstante e entrou em diálogo com ele, aquele título não bastava mais. O mundo pagão conhecia muitos e diversos "Senhores", primeiro dentre todos, o imperador romano. Paulo constatava com amargor:

> E mesmo que houvesse muitos deuses e muitos senhores, para nós, existe um só

Deus, o Pai, do qual vêm todos os seres e para o qual existimos. Para nós também existe *um só Senhor, Jesus Cristo*, pelo qual tudo existe e nós igualmente existimos por ele (cf. 1Cor 8,5-6).

Era necessário, portanto, encontrar outro modo para garantir a plena fé em Cristo e o seu culto divino. A crise ariana ofereceu a ocasião para tal. O dogma da plena divindade de Cristo foi solenemente sancionado no Concílio de Niceia, em 325, com as palavras que repetimos no Credo:

> Creio em um só Deus, Pai Todo-Poderoso, criador do céu e da terra, de todas as coisas visíveis e invisíveis. Creio em um só Senhor, Jesus Cristo, Filho Unigênito de Deus, nascido do Pai antes de todos os séculos: Deus de Deus, luz da luz, Deus verdadeiro de Deus verdadeiro, gerado, não criado, consubstancial (*homoousios*) ao Pai.

Para além dos termos usados, o senso profundo da definição era que, em cada língua e em cada época, Cristo deve ser reconhecido Deus no sentido mais forte e mais alto que a palavra "Deus" tem em tal língua e cultura, não em qualquer outro sentido derivado e secundário. De fato, foi justamente para excluir a solução ariana de colocar Cristo em uma posição "secundária" em relação a Deus Pai, que os membros do Concílio se viram forçados a adotar o termo filosófico "consubstancial", que não deixava espaço para a ambiguidade.

Foi preciso quase um século de assentamento antes que essa verdade fosse recebida, em sua radicalidade, por toda a Cristandade. Uma vez superados os refluxos de arianismo devidos à chegada de povos bárbaros que tinham recebido a primeira evangelização dos heréticos (godos, visigodos e longobardos), o dogma se tornou patrimônio pacífico de toda a Cristandade, tanto oriental quanto ocidental.

A Reforma Protestante o manteve intacto, e mais, aumentou sua centralidade; contudo inseriu nele um elemento que mais tarde dará margem a prolongamentos negativos. Para reagir ao formalismo e ao nominalismo que reduziam os dogmas a exercícios de virtuosismo especulativo, os reformadores protestantes afirmam: "Conhecer Cristo significa reconhecer os seus benefícios, não indagar as suas naturezas e os modos da encarnação"[15]. O Cristo "para mim" torna-se mais importante do que o Cristo "em si". Ao conhecimento objetivo, dogmático, opõe-se um conhecimento subjetivo, íntimo; ao testemunho exterior da Igreja (e, em certos casos, das próprias Escrituras) sobre Jesus antepõe-se o "testemunho interior" que o Espírito Santo presta a Jesus no coração de cada fiel.

O iluminismo e o racionalismo encontraram nisso o terreno adequado para a demolição do dogma. Para Kant, o que conta é o ideal moral proposto por Cristo, mais do que a sua pessoa. Para tornar o cristianismo ainda viável no novo clima intelectual – portanto, com intuito apologético –, o romantismo alemão faz de Cristo a pessoa humana na qual a consciência do divino tocou o seu ponto mais alto e faz do "sentimento de dependência" a essência da religião[16]. A teologia liberal do século XIX, que daí se desenvolve, reduz o cristianismo praticamente apenas à dimensão

---

15. Cf. MELÂNCTON, F. Loci theologici. In: *Corpus reformatorum*. Brunsviga, 1854, p. 85.
16. Cf. SCHLEIERMACHER, F.D.E. *Sulla religione* – Discorsi agli intellettuali che la disprezzano. Bréscia: Queriniana, 1989.

ética e, particularmente, à experiência da paternidade de Deus.

Despoja-se o Evangelho de todo o sobrenatural: milagres, visões, a ressurreição de Cristo. O cristianismo torna-se apenas um sublime ideal ético que pode prescindir da divindade de Cristo e, até mesmo, da sua existência histórica. Gandhi, que, infelizmente, conheceu o cristianismo nessa versão reducionista, escreveu:

> Não me importaria nem mesmo se alguém demonstrasse que o homem Jesus, na realidade, jamais viveu, e que o que se lê nos evangelhos não é nada mais do que fruto da imaginação do autor. Apesar de que o sermão da montanha permanecesse verdadeiro aos meus olhos[17].

A versão mais próxima a nós dessa tendência reducionista do cristianismo é a popularizada por Bultmann em nome, dessa vez, da demitologização:

> A fórmula "Cristo é Deus" – ele escreve – é falsa, em todo sentido, quando "Deus" é considerado como ser objetivável, seja

---

17. Cf. GANDHI. *Buddismo, cristianesimo, islamismo.* Roma: Newton Compton, 1993, p. 53.

ela entendida segundo Ário ou segundo Niceia, em sentido ortodoxo ou liberal. Ela está correta se "Deus" for entendido como o evento da atuação divina[18].

Em palavras menos veladas: Cristo não é Deus, mas em Cristo *há* (ou *opera*) Deus. Estamos bem distantes, como se vê, do dogma definido em Niceia.

Diz-se de querer, desse modo, interpretar o dogma antigo com categorias modernas, mas, na realidade, não se faz outra coisa a não ser repropor, às vezes nos mesmos termos, soluções arcaicas (em nosso caso, as de Paulo de Samósata, de Marcelo de Ancira e de Fotino), já avaliadas e rejeitadas pela consciência da Igreja. Não é um traduzir em categorias modernas a verdade definida em Niceia, mas um repropor em categorias modernas o erro condenado em Niceia.

Em alguns casos trata-se de um meio equivocado de promover uma causa justa, portanto, com as melhores intenções. A causa justa é facilitar o diálogo entre as religiões, o meio equivocado é

---

18. Cf. BULTMANN, R.K. *Glauben und verstehen*. Vol. II. Tübingen, 1938, p. 258.

fazê-lo eliminando o próprio do cristianismo, na prática, os dois mistérios da Trindade e da Encarnação.

> As concepções míticas de então – escreveu-se – em torno da existência celeste, pré-temporal, além-mundana, de um ser promanado de Deus, em torno a um "teodrama" recitado por dois (ou mesmo três) personagens divinos, não podem mais ser as nossas [...]. A fé monoteísta, herdada por Israel e compartilhada com o Islamismo, não deve se extinguir em nenhuma doutrina trinitária[19].

E, ainda:

> Combater pela divindade de Jesus, de um modo que prescinda de Deus, pode se tornar *a priori* uma batalha perdida, mal interpretando, além do mais, o intuito mais profundo da economia da salvação, isto é, a vontade de Deus de vir ao nosso encontro precisamente de modo humano, com a finalidade – bem compreendida – de nos ajudar a encontrá-lo[20].

---

19. Cf. KÜNG, H. *Essere cristiani*. Milão, 1976, p. 505-540.
20. Cf. SCHILLEBEECKX, E.C.F.A. *Gesù, la storia di un vivente*. Bréscia, 1974, p. 711.

Combater pela divindade de Cristo ocultaria, em outras palavras, a tentativa de neutralizar a força crítica do profeta Jesus de Nazaré.

Nesse caso, o que mais distingue o cristianismo do islamismo à parte a ética? A síntese do islamismo é: "Alá é o único Deus e Muhammad é o seu profeta"; a síntese do cristianismo, assim explicado, é: "Javé é o único Deus e Jesus Cristo é o seu profeta". Ao título de "profeta" acrescenta-se, é verdade, o adjetivo "escatológico"; isso, contudo, não muda nada do momento em que Muhammad é considerado pelos seus o profeta definitivo e para todos. A diferença é que, no caso do islamismo, a fórmula reflete a história dessa religião e na explicação que ela dá de si mesma; no caso do cristianismo, ela transforma repentinamente toda a sua história em uma idolatria.

Se, das discussões dos teólogos, considerando-se diversas reflexões, passa-se ao que, da divindade de Cristo, pensa o povo comum nos países cristãos, fica-se sem palavras. Após um concílio local dominado pelos opositores de Niceia (Rimini, ano 359), São Jerônimo escreveu: "o mundo inteiro emitiu um gemido e se surpreendeu em se rever ariano"[21]. Nós teríamos muito mais razão do que ele de gemer e fazer nossa a sua exclamação de estupor.

---

21. Cf. JERÔNIMO. *Dialogus contra luciferianos*, 19 (PL 23, 181): *"Ingemuit totus orbis et arianum se esse miratus est"*.

3
Cristo "verdadeiro Deus" nos evangelhos

Mas, agora, devemos ter fé em nosso intuito. Por isso, deixemos de lado o que pensa o mundo e busquemos despertar em nós a fé na divindade de Cristo. Uma fé luminosa, não desfocada, ao mesmo tempo objetiva e subjetiva, isto é, não só crida, mas também vivida. Também hoje, a Jesus não interessa tanto o que dizem dele "os homens", mas o que dizem dele os seus discípulos. A pergunta está perenemente no ar: "E vós, quem dizeis que eu sou?" (Mt 16,15). É a ela que queremos buscar responder nesta meditação.

Partamos justamente dos Evangelhos. Nos sinóticos, a divindade de Cristo jamais é *declarada* abertamente, mas é continuamente *subentendida*. Recordemos algumas frases de Jesus: "O Filho do

Homem tem, na terra, autoridade para perdoar pecados" (Mt 9,6); "Ninguém conhece o Filho, senão o Pai, e ninguém conhece o Pai, senão o Filho" (Mt 11,27); "O céu e a terra passarão, mas as minhas palavras jamais passarão" (frase esta, presente de maneira idêntica em todos os três Sinóticos)[22]. "O Filho do Homem é senhor também do sábado" (Mc 2,28);

> Quando o Filho do Homem vier em sua glória, acompanhado de todos os anjos, ele se assentará em seu trono glorioso. Todas as nações da terra serão reunidas diante dele, e ele separará uns dos outros, assim como o pastor separa as ovelhas dos cabritos (Mt 25,31-32).

Quem, a não ser Deus, pode perdoar os pecados em nome próprio e se proclamar juiz final da humanidade e da história? Os profetas iniciavam dizendo: "Assim diz o Senhor", ou então: "Oráculo do Senhor"; Ele: "Eu vos digo".

Assim como basta um fio de cabelo ou uma gota de saliva para reconstruir o DNA de uma pessoa, basta apenas uma linha do Evangelho, lida sem preconceitos, para reconstruir o DNA de Jesus,

---

22. Mc 13,31; Mt 24,35; Lc 21,33.

para descobrir o que Ele pensava de si mesmo, mas não podia dizer abertamente para não ser incompreendido. A transcendência divina de Cristo literalmente transpira de cada página do Evangelho.

Mas foi sobretudo João quem fez da divindade de Cristo o objetivo primário do seu Evangelho, o tema que tudo unifica. Ele conclui o seu Evangelho dizendo: "Estes (sinais), porém, foram escritos para que creiais que Jesus é o Cristo, o Filho de Deus, e para que, crendo, tenhais a vida em seu nome" (Jo 20,31), e conclui a sua Primeira Carta quase com as mesmas palavras: "Eu vos escrevo estas coisas, a vós que credes no nome do Filho de Deus, para que saibais que tendes a vida eterna" (1Jo 5,13).

Um dia, há muitos anos, estava celebrando a Missa em um mosteiro de clausura. O trecho evangélico da liturgia era a página de João, em que Jesus pronuncia repetidamente o seu "Eu Sou": "De fato, se não crerdes que 'Eu Sou', morrereis nos vossos pecados [...] Quando tiverdes levantado o Filho do Homem, então sabereis que 'Eu Sou' [...] Antes que Abraão existisse, Eu Sou" (Jo 8,24.28.58). O fato de que as palavras "Eu

Sou", contrariamente a toda regra gramatical, no lecionário fossem escritas com duas maiúsculas, unido, certamente, a alguma outra causa mais misteriosa, fez acender uma fagulha. Aquela palavra "explodiu" dentro de mim.

Eu sabia, dos meus estudos, que no Evangelho de João havia numerosos "Eu Sou", *ego eimi*, pronunciados por Jesus. Sabia que isso era um fato importante para a sua cristologia; que, com eles, Jesus se atribui o nome que Deus reivindica para si em Isaías: "Para que saibais e acrediteis em mim, e compreendais que Eu sou" (Is 43,10). Mas o meu conhecimento era literário e inerte, e não suscitava emoções particulares. Naquele dia, era algo totalmente diverso. Estávamos no tempo pascal e parecia que o próprio Ressuscitado proclamava seu nome divino no céu e na terra. O seu "Eu sou!" iluminava e preenchia o universo. Eu me sentia muito pequeno, como alguém que assiste, por acaso e distantemente, uma cena improvisada e extraordinária, ou a um grandioso espetáculo da natureza. Não se tratou mais do que uma simples emoção de fé, nada mais, porém daquelas que, quando passam, deixam no coração uma marca indelével.

É de causar estupor a iniciativa que o Espírito de Jesus permitiu a João levar a termo. Ele abraçou os temas, símbolos, expectativas, enfim, tudo aquilo que havia de religiosamente vivo, tanto no mundo judaico quanto no helenístico, pondo tudo isso a serviço de uma única ideia, ou melhor, de uma única pessoa: Jesus Cristo é o Filho de Deus e o Salvador do mundo. Ele aprendeu a língua dos homens do seu tempo para gritar em seu meio, com todas as próprias forças, a única verdade que salva, a Palavra por excelência, "o Verbo".

Somente uma certeza revelada, que tem por trás de si a autoridade e a própria força de Deus e do seu Espírito, podia ser explicada em um livro com tal insistência e tal coerência, chegando, de inúmeros pontos diversos, sempre à mesma inaudita e humanamente inconcebível conclusão: a identidade total da natureza entre o Pai e o Filho: "Eu e o Pai somos um" (Jo 10,30). Um "só" (neutro grego *em*, em latim *unum*), note-se bem, não "uma só pessoa" (grego *eis*, latim *unus*)! Há, em germe, toda a formulação sucessiva do dogma trinitário.

Busca-se, a todo custo, uma "via de escape" dessa conclusão de fé. Essas afirmações – fala-se –

são interpretações de João, não se remetem ao Jesus histórico. Desse modo, porém, o problema não está resolvido em sua raiz, como se pensa; foi apenas deslocado para trás e tornado mais difícil, ou melhor, impossível, de ser explicado. É como escutar o estrondo e o propagar-se de um trovão e negar que um relâmpago o tenha provocado. É a mesma coisa que fazem os astrofísicos quando pensam em explicar a origem do universo com a teoria da geração espontânea. Um caso análogo, em nível mais modesto, seria pretender explicar o "movimento franciscano" – a arte, a literatura, a santidade por ele suscitadas – prescindindo da pessoa de Francisco de Assis.

Experimento muita tristeza quando ouço estudiosos para os quais, um tempo, Jesus era "o Cristo, Filho do Deus vivo", terminarem por considerá-lo apenas como um dos grandes sábios da humanidade. É como retroceder da resposta de Pedro em Cesareia de Filipe àquela dos "homens": "Quem dizem os homens que eu sou? Algum dos profetas!" (cf. Mt 16,14). Entendo mais facilmente aqueles para os quais Jesus é "um homem, apenas um homem", mas, em vez de terminar a frase com um ponto de exclamação, nós a terminamos com um ponto de interrogação. Fabrizio De André, em uma canção dedicada a Jesus, dele diz:

> Não tenho a intenção de cantar a glória
> nem invocar a graça ou o perdão
> de quem penso não ter sido mais do
> que um homem
> como Deus passado à história.
> Mas inumano é mesmo sempre o amor
> de quem suspira sem rancor
> perdoando com a última voz
> quem o mata nos braços de uma cruz[23].

Um homem, portanto. Mas surge a pergunta: pode um simples homem morrer assim, perdoando sem rancor a quem o está crucificando?

---

23. Cf. DE ANDRÉ, F. *Si chiamava Gesù*, 1967.

4
"Corde creditur: *crê-se com o coração"*

Como para a humanidade, também a propósito da divindade de Cristo, podemos agora mostrar como o dogma antigo, objetivo e ontológico é capaz de acolher e valorizar o dado moderno subjetivo e funcional, enquanto, já vimos, foi tão difícil o contrário. À lógica dialética do *"aut-aut"* opomos a católica do *"et-et"*.

Nenhuma das chamadas "cristologias a partir de baixo" – aquelas, para entendermos, que partem do Jesus "profeta escatológico", do Jesus "libertador", ou, ainda, do Cristo "pessoa humana em quem subsiste a natureza divina"[24]

---

24. Cf. SCHOONENBERG, P. *Un Dio di uomini*, Bréscia, 1971, p. 98ss.

(ao invés de "pessoa divina que subsiste em uma natureza humana"!) –, nenhuma, repito, dessas cristologias conseguiu se elevar até abraçar o verdadeiro mistério da fé cristã e salvaguardar a plena divindade de Cristo. A razão do insucesso é explicada de antemão por Jesus mesmo e foi bem compreendida por João, que a expõe: "Ninguém subiu ao céu, senão aquele que desceu do céu" (Jo 3,13). De fato, é possível para Deus se fazer homem, mas não é possível ao homem fazer-se deus.

Com essa renovada certeza podemos voltar a valorizar toda a dimensão subjetiva e personalista do dogma, isto é, o Cristo "para mim", posto em primeiro plano pelos Reformadores, o Cristo conhecido por seus benefícios e pelo testemunho interior do Espírito. Esse é o melhor fruto do ecumenismo, o das "diferenças reconciliadas", não contrapostas, como ama dizer o Papa Francisco. Todos nós precisamos dar à nossa fé essa dimensão pessoal, íntima, para que ela não seja repetição morta de fórmulas antigas ou modernas. Sobre esse ponto somos todos chamados em causa: católicos, ortodoxos e protestantes, da mesma maneira.

São Paulo diz que "é com o coração que se crê para a justiça; e com a boca professa-se a fé para a salvação" (Rm 10,10). "É das raízes do coração que sobe a fé", comenta Agostinho[25]. Na visão católica, como naquela ortodoxa – e também, em seguida, naquela protestante –, a *profissão* da reta fé, isto é, o segundo momento desse processo, frequentemente tomou tanto relevo ao ponto de deixar na sombra aquele primeiro momento que se desenvolve nas profundidades escondidas do coração. Todos os tratados *De fide*, escritos após Niceia, tratam da ortodoxia da fé; hoje, dir-se-ia da *fides quae*, não da *fides qua*, das coisas a serem cridas, não do ato pessoal do crer.

Esse primeiro ato de fé, justamente porque acontece no coração, é um ato "singular", que pode ser feito apenas pelo indivíduo, em total solidão com Deus. No Evangelho de João ouvimos Jesus fazer repetidamente a pergunta: "Crês isto?" (Jo 9,35; Jo 11,26); e, cada vez, essa pergunta suscita do coração o grito da fé: "Sim, Senhor, eu creio!". Ainda, o símbolo de fé da Igreja começa assim, no singular: "Creio", e não: "Cremos".

---

25. Cf. AGOSTINHO. *Comentário ao Evangelho de João*, 26,2 (PL 35,1607).

Também nós devemos aceitar passar por esse momento, de nos submetermos a esse exame. Se, à pergunta de Jesus: "Crês isto?", alguém responde imediatamente, sem nem pensar: "Claro que creio", e acha até estranho que uma pergunta semelhante seja dirigida a um fiel, a um sacerdote ou a um bispo, quer dizer, provavelmente, que ainda não descobriu o que significa realmente crer, jamais experimentou a grande vertigem da razão que precede o ato de fé. A divindade de Cristo é o cume mais alto, o Evereste da fé. Crer em um Deus nascido em um estábulo e morto em uma cruz! Isso é muito mais exigente do que crer em um Deus distante, que cada um pode representar ao próprio gosto.

É preciso começar a demolir em nós, fiéis e homens da Igreja, a falsa persuasão de que estamos bem no que se refere à fé e que, no mais, ainda devemos trabalhar pela caridade. Talvez não seja um bem, quem sabe, por um pouco de tempo, não querer demonstrar a ninguém, mas interiorizar a fé, redescobrir as suas raízes no coração!

Devemos recriar as condições para uma retomada da fé na divindade de Cristo, reproduzir o impulso de fé do qual nasceu o dogma de Niceia.

Outrora, a consciência da Igreja produziu um esforço supremo, com o qual se ergueu, na fé, acima de todos os sistemas humanos e de todas as resistências da razão. A maré da fé uma vez subiu a um nível máximo e sua marca permaneceu na rocha. No entanto, é preciso que se repita a subida, não basta a marca. Não basta repetir o Credo de Niceia; é preciso renovar o impulso de fé que então se teve na divindade de Cristo e do qual não houve igual nos séculos.

A praxe da Igreja (e não só da Igreja Católica!) prevê uma profissão de fé da parte do candidato, antes de receber o mandato de ensinar teologia. Essa profissão de fé tem comportado, frequentemente, além da recitação do Credo, o compromisso de ensinar algumas coisas precisas (e a não ensinar outras igualmente precisas!) que, naquele momento da história, eram temas particularmente sensíveis. Pensemos no juramento contra o modernismo.

A mim parece que deveria ser verificada, sobretudo, uma coisa: que quem ensina teologia aos futuros ministros do Evangelho crê firmemente na divindade de Cristo. E verificar isso mediante um discernimento fraterno e franco, melhor do que com um juramento. Jamais se conseguiu algo com os juramentos. Houve toda uma geração de sacerdotes que, após o Concílio (certamente, não *por causa* do Concílio!), saiu do seminário e se apresentou à ordenação com ideias muito confusas e desfocadas sobre quem é o Jesus que devia anunciar ao povo e tornar presente no altar na Missa. Muitas crises sacerdotais, estou convencido, começaram e começam daqui.

5
Ecumenismo
e evangelização

O que evidenciamos tem importantes consequências também para o ecumenismo cristão. Existem, de fato, dois ecumenismos possíveis: o da fé e o da incredulidade; um que reúne todos aqueles que creem que Jesus é o Filho de Deus e que Deus é Pai, Filho e Espírito Santo, e um que reúne todos aqueles que se limitam a "interpretar" (cada um à própria maneira e segundo o próprio sistema filosófico) essas coisas. Um ecumenismo no qual, no máximo, todos creem nas mesmas coisas porque ninguém crê mais realmente em nada, no sentido forte da palavra "crer". Para crer é preciso dar um "salto de qualidade", que é aquele diante do qual tantos intelectuais retrocedem. "A fé quer pôr o Absoluto, enquanto a razão quer continuar a reflexão"[26].

A distinção fundamental dos espíritos, no âmbito da fé, não é a que distingue católicos, ortodoxos e protestantes, mas a que distingue aqueles que creem no Cristo Filho de Deus e aqueles que não creem. O artigo com o qual "a Igreja fica em pé ou cai" não é mais uma doutrina, por mais importante que seja (por exemplo, a justificação gratuita mediante a fé), mas uma pessoa.

Há uma unidade nova e invisível que vai se formando e que passa pelas diversas Igrejas. Essa unidade invisível e espiritual, por sua vez, tem necessidade vital do discernimento da teologia e do magistério para não cair no perigo do fundamentalismo ou de um subjetivismo desenfreado. Mas, uma vez vislumbrada e superada essa tentação, trata-se de um fato que não podemos mais nos permitir ignorar.

O verdadeiro "ecumenismo espiritual" não consiste somente em rezar pela unidade dos cristãos, mas em compartilhar a mesma experiência do Espírito Santo. Consiste naquela que

---

26. Cf. KIERKEGAARD, S.A. *Diario*, X 2 A 624.

Agostinho chama de *societas sanctorum*, a comunhão dos santos, que, às vezes, dolorosamente, pode não coincidir com a *communio sacramentorum*, ou seja, compartilhar dos mesmos sinais sacramentais.

A fé na divindade é importante, sobretudo, em vista da *evangelização*. "E se a trombeta produzir um som confuso, quem se preparará para a batalha?", admoesta São Paulo (1Cor 14,8). Existem edifícios ou estruturas metálicas feitas de forma que, se você tocar em um determinado ponto ou levantar uma determinada pedra, tudo desmorona. Assim é o edifício da fé cristã, e a sua "pedra angular" é a divindade de Cristo. Removida esta, tudo se desagrega e desmorona, começando pela fé na Trindade. De quem se forma a Trindade, Cristo não é Deus? Não por nada, basta se por entre parênteses a divindade de Cristo, que se põe entre parênteses também a Trindade.

Santo Agostinho dizia: "Não é grande coisa crer que Jesus morreu; nisto creem até os pagãos e os ímpios; todos creem nisso. Mas é algo realmente grande crer que Ele ressuscitou". E concluía: "A fé dos cristãos é a ressurreição de

Cristo"[27]. A mesma coisa se deve dizer da humanidade e da divindade de Cristo, cujas morte e ressurreição são as respectivas manifestações. Todos creem que Jesus seja homem; o que faz a diversidade entre crentes e não crentes é crer que Ele também seja Deus. A fé dos cristãos é a divindade de Cristo!

---

27. Cf. AGOSTINHO. *Enarrationes in salmos*, 120,6.

6
"Conhecer Cristo é reconhecer os seus benefícios"

"Conhecer Cristo é reconhecer os seus benefícios", nós ouvimos. Concluamos justamente recordando dois desses benefícios, que são os mais capazes de responder às necessidades profundas do homem de hoje e de sempre: a necessidade de sentido e a rejeição da morte.

Não é verdade que o homem moderno deixou de se propor a questão sobre o sentido da vida. Há alguns anos, um conhecido intelectual escreveu:

> A religião morrerá. Não é um desejo, muito menos uma profecia. Já é um fato que está aguardando seu cumprimento. [...] Passada a nossa geração e talvez aquela de nossos filhos, ninguém mais

considerará a necessidade de dar um sentido à vida um problema realmente fundamental [...] A técnica levou a religião ao seu crepúsculo[28].

Claro, não se interroga sobre o sentido último da vida quem se prestou a outras coisas, mas quando tais finalidades vão desaparecendo, uma após a outra – juventude, saúde, fama –, muitos voltam a se propor aquela pergunta. Ainda mais com a pandemia de covid-19, que trouxe, finalmente, a homens e mulheres, mais tempo de reflexão e questionamento. "O homem não pode suportar uma vida sem sentido", afirmou C.G. Jung em uma famosa entrevista.

Há uma pintura, dentre as mais famosas da arte moderna, que representa visivelmente aonde leva a convicção de que a vida não tem sentido. Em um fundo avermelhado que inspira angústia, um homem atravessa correndo uma ponte, passando por dois indivíduos que parecem alheios e indiferentes a tudo; ele tem os olhos arregalados; com as mãos em torno à boca, emite um grito e logo se entende que é um grito de desespero;

---

28. GALIMBERTI, U. *Cristianesimo* – La religione dal cielo vuoto. Milão: Feltrinelli, 2012, p. 383.

apenas som, nenhuma palavra. Refiro-me, naturalmente, à pintura "O Grito", de Edvard Munch.

Jesus disse: "Eu sou a luz do mundo. Quem me segue não caminha na escuridão" (Jo 8,12). Quem crê em Cristo tem a possibilidade de resistir à grande tentação da falta de sentido da vida, que, frequentemente, leva ao suicídio. Quem crê em Cristo não caminha nas trevas: sabe de onde vem, sabe para onde vai e o que fazer enquanto isso. Sobretudo, sabe que é amado por alguém e que esse alguém deu a vida para demonstrá-lo.

Jesus também disse: "Eu sou a ressurreição e a vida. Quem crê em mim, ainda que tenha morrido, viverá" (Jo 11,25). E o evangelista, mais tarde, escreverá aos cristãos: "Eu vos escrevo estas coisas, a vós que credes no nome do Filho de Deus, para que saibais que tendes a vida eterna [...]. Ele é o verdadeiro Deus e a Vida eterna" (1Jo 5,13.20). Justamente por ser Cristo "verdadeiro Deus", é também "vida eterna" e dá a vida eterna. Isso não nos tira necessariamente o medo da morte, mas dá ao fiel a certeza de que a nossa vida não termina com ela.

Terceira parte

"É assim que eu conheço Cristo..."

1

Jesus, "uma pessoa"

Os Atos dos Apóstolos narram o seguinte episódio. À chegada do Rei Agripa a Cesareia, o governador Festo lhe apresenta o caso de Paulo, mantido preso por ele, no aguardo do processo. Resume o caso ao rei com estas palavras: "Seus acusadores [...] tinham somente certas questões contra ele, a respeito da sua superstição, e a respeito de um certo Jesus, que já morreu, mas que Paulo afirma estar vivo" (At 25,18-19). Nesse detalhe, aparentemente secundário, resume-se a história dos 20 séculos seguintes àquele momento. Tudo ainda gira em torno de "um certo Jesus", que o mundo considera morto e a Igreja proclama estar vivo.

É em que nos propomos a aprofundar nesta última meditação, isto é, que Jesus de Nazaré está vivo. Ele não é uma memória do passado; não é apenas um personagem, mas uma pessoa. Vive "segundo o Espírito", certo, mas esse é um modo de viver mais forte do que aquele "segundo a carne", porque lhe permite viver dentro de nós, não fora ou ao lado.

Em nossa releitura do dogma chegamos ao nó que une as duas pontas. Jesus "verdadeiro homem" e Jesus "verdadeiro Deus" – eu dizia no início – são como os dois lados de um triângulo cujo vértice é Jesus, "uma pessoa". Recordemos, em linha de máxima, como se formou o dogma da unidade de pessoa de Cristo. A fórmula "uma pessoa" aplicada a Cristo remete a Tertuliano[29], mas foram necessários dois séculos de reflexão para entender o que ela significava realmente e como podia se conciliar com a afirmação de que Jesus era verdadeiro homem e verdadeiro Deus, isto é, "de duas naturezas".

Uma etapa fundamental foi o Concílio de Éfeso de 431, em que foi definido o título de Maria *Theotokos*, genitora de Deus. Se Maria pode ser chamada de "Mãe de Deus", embora tendo

---

29. Cf. TERTULIANO. *Adversus praxean*, 27,11.

dado à luz apenas a natureza humana de Jesus, quer dizer que, nele, humanidade e divindade formam uma só pessoa. O ponto de chegada definitivo, contudo, foi alcançado apenas no Concílio de Calcedônia de 451, com a fórmula que referimos novamente, a parte relativa à unidade de Cristo.

Na sequência dos Santos Padres, ensinamos unanimemente que se confesse

> um só e mesmo Filho, nosso Senhor Jesus Cristo [...].
> A diferença das naturezas não é abolida pela sua união;
> antes, as propriedades de cada uma são salvaguardadas e reunidas numa só pessoa e numa só hipóstase[30].

Se, para a plena recepção da definição de Niceia foi necessário um século, para a completa recepção dessa outra definição foram necessários todos os séculos sucessivos até os nossos dias. De fato, somente graças ao recente clima de diálogo ecumênico pôde-se restabelecer a comunhão entre a Igreja Ortodoxa e as chamadas igrejas

---

30. Cf. DENZINGER-SCHÖNMETZER. *Enchiridion symbolorum*, nn. 301-302.

Nestorianas e Monofisitas do Oriente cristão. Notou-se que, na maioria dos casos, tratava-se de uma diversidade de terminologia, não de doutrina. Tudo dependia do significado diverso que se dava aos dois termos de "natureza" e de "pessoa" ou "hipóstase".

2
Do adjetivo "una" ao substantivo "pessoa"

Assegurado seu conteúdo ontológico e objetivo, também aqui, para revitalizar o dogma, devemos agora trazer à luz suas dimensões subjetiva e existencial. São Gregório Magno dizia que a Escritura "cresce com aqueles que a leem" ("*cum legentibus crescit*")[31]. Devemos dizer a mesma coisa do dogma. Ele cresce e se enriquece à medida que a Igreja, guiada pelo Espírito Santo, encontra-se a viver novas problemáticas e em novas culturas. Dissera-o, com singular previsão, Santo Irineu no fim do século II. A verdade revelada, escrevia o santo, é "como um licor precioso contido em um vaso de valor. Por obra do Espírito

---

31. Cf. MAGNO, G. *Moralia in Job*, XX, 1.

Santo, ela (a verdade) rejuvenesce sempre e rejuvenesce também o vaso que a contém"[32]. A Igreja está em condições de ler a Escritura e o dogma de modo sempre novo porque ela mesma é sempre renovada pelo Espírito Santo!

Eis o grande e simplicíssimo segredo que explica a perene juventude da Tradição e, portanto, dos dogmas, que são sua expressão mais elevada. O grande historiador da Tradição cristã, Jaroslav Pelikan, escreveu que "a Tradição é a fé viva dos mortos (isto é, a fé dos padres que permanece perenemente viva); o tradicionalismo é a fé morta dos vivos"[33].

Também o dogma da única pessoa de Cristo é uma "estrutura aberta", ou seja, capaz de falar-nos hoje, de responder às novas necessidades da fé, que não são as mesmas do século V. Hoje, ninguém nega que Cristo seja "uma pessoa". Há alguns – vimos anteriormente – que negam que seja uma pessoa "divina", preferindo dizer que é uma pessoa "humana" na qual Deus habita, ou opera, de modo único e excelso. Mas a própria

---

32. Cf. IRINEU. *Adversus haereses*, III, 24,1.
33. Cf. PELIKAN, J. *The Christian tradition: a history of the development of doctrine*. University of Chicago Press, Chicago, vol. I, 1971, p. 9.

unidade da pessoa de Cristo, repito, não é contestada por ninguém.

A coisa mais importante hoje, a respeito do dogma de Cristo "uma pessoa", não é tanto o adjetivo "uma", mas o substantivo "pessoa"; não tanto o fato de que seja "um e idêntico em si mesmo" (*unus et idem*), mas que seja "pessoa". Isso significa descobrir e proclamar que Jesus Cristo não é uma ideia, um problema histórico ou apenas um personagem, mas uma pessoa, e uma pessoa viva! Isso, de fato, é o que falta e do que temos extrema necessidade, para não deixar que o cristianismo se reduza a ideologia ou, simplesmente, a teologia.

Propusemo-nos em revitalizar o dogma partindo novamente da sua base bíblica. Por isso, voltemo-nos logo à Escritura. Partamos da página do Novo Testamento que nos fala do mais célebre "encontro pessoal" com o Ressuscitado que já aconteceu na face da terra: o do Apóstolo Paulo. "Saulo, Saulo, por que me persegues?"; "Quem és tu, Senhor?"; "Eu sou Jesus!" (cf. At 9,4-5). Que fulgor! Depois de 20 séculos, aquela luz ainda ilumina a Igreja e o mundo. Mas escutemos como ele mesmo descreve esse encontro:

Mas essas coisas, que eram lucro para mim (ser circunciso, da estirpe de Israel, fariseu, irrepreensível), considerei-as prejuízo por causa de Cristo. Mais que isso, julgo que tudo é prejuízo diante deste bem supremo que é o conhecimento do Cristo Jesus, meu Senhor. Por causa dele, perdi tudo e considero tudo como lixo, a fim de ganhar Cristo e ser encontrado unido a ele. E isto, não com a minha justiça que vem da Lei, mas com a justiça que vem pela fé em Cristo, a justiça que vem de Deus, fundada na fé. É assim que eu conheço Cristo (Fl 3,7-10).

É quase com rubor que ouso me aproximar da experiência flamejante de Paulo à minha pequeníssima experiência. Mas é justamente Paulo que, com sua narrativa, encoraja a fazê-lo assim mesmo, isto é, a dar testemunho da graça de Deus.

Estudando e ensinando cristologia, eu tinha feito diversas pesquisas sobre a origem do conceito de "pessoa" em teologia, sobre suas definições e diversas interpretações. Tinha conhecido as intermináveis discussões em torno da única pessoa, ou hipóstase, de Cristo no período bizantino, os desenvolvimentos modernos sobre a dimensão psicológica da pessoa, com o consequente problema do "Eu" de Cristo, tão debatido quando eu estudava teologia. Em certo sentido, eu conhecia tudo sobre a pessoa de Jesus, mas não conhecia Jesus em pessoa.

Foi justamente a palavra de Paulo que me ajudou a entender a diferença, sobretudo, a frase: "é assim que eu conheço Cristo". Parecia-me que o simples pronome "Ele (Cristo)" (*auton*) continha mais verdades sobre Jesus que inteiros tratados de cristologia. "Ele" quer dizer Jesus Cristo "em carne e osso". Era como encontrar uma pessoa ao vivo depois de conhecê-la por fotografia após anos. Dei-me conta de que eu conhecia livros sobre Jesus, doutrinas, heresias sobre Jesus, conceitos sobre Jesus, mas não o conhecia, pessoa viva e presente. Ao menos, não o conhecia assim quando me aproximava dele por meio do estudo da história e da teologia. Tivera, até então, um *conhecimento impessoal da pessoa* de Cristo. Uma contradição e um paradoxo, mas, uma pena, bem frequente!

3
Pessoa é ser-em-relação

Refletindo sobre o conceito de pessoa no âmbito da Trindade, Santo Agostinho[34] e, depois dele, Santo Tomás de Aquino[35], chegaram à conclusão de que "pessoa", em Deus, significa relação. O Pai é tal pela sua relação com o Filho: todo o seu ser consiste nessa relação; como o Filho é tal pela sua relação com o Pai. O pensamento moderno confirmou essa intuição. "A verdadeira personalidade – escreveu o filósofo Hegel – consiste em recuperar si mesmo imergindo-se no outro"[36]. A pessoa é pessoa no ato em que se abre a um "tu" e, nesse confronto, adquire consciência de si. Ser pessoa é "ser-em-relação".

---

34. Cf. AGOSTINHO. *De Trinitate*, V, 5,6.
35. Cf. TOMÁS DE AQUINO. *S.Th.* II-II^{ae}, q.40, a.2.
36. Cf. HEGEL, J.W.F. *Lectures on the philosophy of religion.* Vol. 3. Nova York: Humanity, 1962, p. 25.

Isso vale de modo eminente para as pessoas divinas da Trindade, que são "puras relações", ou, como se diz em teologia, "relações subsistentes"; mas vale também para cada pessoa no âmbito criado. Não se conhece a pessoa na sua realidade a não ser entrando em "relação" com ela. Eis por que não se pode conhecer Jesus como pessoa a não ser entrando em uma relação pessoal, do eu ao tu, com Ele. "O ato do crente não termina num juízo, mas numa realidade", disse Santo Tomás de Aquino[37]. Nós não podemos nos contentar em crer na fórmula "uma pessoa"; devemos alcançar a própria pessoa e, mediante a fé e a oração, "tocá-la", pois "toca Cristo quem crê em Cristo"[38].

Devemos nos fazer seriamente uma pergunta: para mim, Jesus é uma pessoa ou somente um personagem? Há uma grande diferença entre as duas coisas. O personagem – tipo Júlio César, Leonardo da Vinci, Napoleão – é alguém de quem se pode falar e escrever o quanto se queira, mas com o qual é impossível falar. Infelizmente, para

---

37. Cf. TOMÁS DE AQUINO. *S.Th.*, II-II^{ae}, q.1, a.2, ad 2.
38. Cf. AGOSTINHO. *Discursos*, 243,2 (PL 38, 1144): *"Tangit Christum, qui credit in Christum"*.

a grande maioria dos cristãos, Jesus é um personagem, não uma pessoa. É o objeto de um conjunto de dogmas, doutrinas ou heresias; alguém de quem celebramos a memória na liturgia, que cremos realmente presente na Eucaristia, tudo o que se quiser. Mas, se permanecermos no plano da fé objetiva, sem desenvolver uma relação existencial com Ele, Ele permanece externo a nós, toca-nos a mente, mas não nos aquece o coração. Permanece, apesar de tudo, no passado; entre nós e Ele se interpõem, inconscientemente, 20 séculos de distância. No fundo de tudo isso compreendem-se o sentido e a importância do convite que o Papa Francisco pôs no início da sua exortação apostólica *Evangelii Gaudium*:

> Convido todo o cristão, em qualquer lugar e situação que se encontre, a renovar hoje mesmo o seu encontro pessoal com Jesus Cristo ou, pelo menos, a tomar a decisão de se deixar encontrar por Ele, de procurá-lo dia a dia sem cessar. Não há motivo para alguém pensar que este convite não lhe diz respeito (EG 3).

Na vida da maioria das pessoas há um evento que divide a vida em duas partes, criando um antes e um depois. Para os casados é o matrimônio, e eles dividem a própria vida assim: "antes de me casar" e "depois de casado"; para os bispos e sacerdotes é a consagração episcopal ou a ordenação sacerdotal; para os consagrados é a profissão religiosa. Do ponto de vista espiritual, há um só evento que cria realmente e para todos um antes e um depois. A vida de cada pessoa se divide exatamente como se divide a história universal: "antes de Cristo" e "depois de Cristo", antes do encontro pessoal com Cristo e depois dele.

Podemos vislumbrar esse encontro, ouvir falar dele, desejá-lo, mas para experimentá-lo há apenas um meio. Não é algo que se pode obter lendo livros ou escutando uma pregação. Somente por obra do Espírito Santo! Por isso, sabemos a quem devemos pedir e sabemos que Ele não espera outra coisa senão que lhe peçamos... *"Per te sciamus da Patre, noscamus atque Filium"*: "Ao Pai e ao Filho Salvador por vós possamos conhecer". Que o conheçamos a partir desse conhecimento íntimo e pessoal que muda a vida.

4
Cristo, pessoa "divina"

Mas temos que dar um passo adiante. Se parássemos por aqui perderíamos a revelação mais consoladora contida no dogma de Cristo "pessoa" e pessoa "divina". Jamais seremos gratos o bastante à Igreja antiga por ter lutado, às vezes literalmente, até o sangue, para manter a verdade de que Cristo é "uma só pessoa" e que essa pessoa não é outro senão o Filho eterno de Deus, uma das três pessoas da Trindade. Busquemos entender por quê.

A contribuição mais fecunda e duradoura de Santo Agostinho à teologia é ter fundamentado o dogma da Trindade sobre a afirmação joanina "Deus é amor" (1Jo 4,8). Todo amor implica um amante, um amado e um amor, que os une, e é assim que ele define as três pessoas divinas: o Pai é aquele que ama, o Filho, o amado, e o Espírito Santo, o amor que os une[39].

Não existe amor que não seja amor de alguém ou de algo, como não se dá conhecimento que não seja conhecimento de algo. Não existe um amor "a vácuo", sem objeto. Perguntemo-nos, então: quem ama a Deus para ser definido amor? O homem? Mas, então, é amor só há algumas centenas de milhões de anos. O universo? Mas, então, é amor só há algumas dezenas de bilhões de anos. E antes, quem amava a Deus para ser amor? Eis a resposta da revelação bíblica explicitada pela Igreja. Deus é amor desde sempre, *ab aeterno*, porque antes que existisse um objeto fora de si para amar, tinha em si mesmo o Verbo, o Filho, que amava com amor infinito, isto é, "no Espírito Santo".

Isso não explica "como" a unidade pode ser contemporaneamente Trindade (esse é um mistério incognoscível por nós porque acontece só em Deus), mas nos basta, ao menos para intuir "por que", em Deus, a pluralidade não contradiz a unidade. É porque "Deus é amor"! Um Deus que

---

39. Cf. AGOSTINHO. *De Trinitate*, VI, 5, 7; IX, 22.

fosse puro conhecimento ou pura lei, ou puro poder, certamente não teria necessidade de ser trino (isso, ao contrário, complicaria as coisas); mas um Deus que é primeiramente amor, sim, porque menos que entre dois, não pode ser amor.

O maior e mais inacessível mistério à mente humana não é, creio eu, que Deus é um e trino, mas que Deus é amor. "É preciso – escreveu De Lubac – que o mundo o saiba: a revelação de Deus como amor revira tudo o que ele tinha concebido anterior à divindade"[40]. É realíssimo, mas, infelizmente, ainda estamos longe de ter tirado todas as consequências dessa revolução. Demonstra-o o fato de que a imagem de Deus que domina no inconsciente humano é aquela do ser absoluto, não do amor absoluto; um Deus que é essencialmente onisciente, onipotente e, sobretudo, justo. O amor e a misericórdia são vistos como um corretivo que modera a justiça. São o expoente, não a base.

Nós, modernos, proclamamos que a pessoa é o valor supremo a ser respeitado em todo campo, o fundamento último da dignidade humana.

---

40. Cf. DE LUBAC, H. *Storia e spirito*, Ed. Paoline, Roma, 1971, p. 358ss.

De onde deriva esse conceito moderno de pessoa entende-se, contudo, somente partindo-se da Trindade. Explicitou-o bem o teólogo ortodoxo Johannes Zizioulas, mostrando, assim, a fecundidade e o enriquecimento recíproco que se obtém no diálogo entre teologia latina e teologia grega sobre a Trindade. Ele ilustra como o conceito moderno de pessoa é filho direto da doutrina das Trindades e explica em que sentido (cito de uma conferência sua proferida em Milão, ao invés de seus numerosos livros sobre o assunto, porque nela temos uma síntese do seu pensamento feita pelo próprio autor).

O amor é uma categoria ontológica que consiste em dar espaço a outra pessoa existir como outro e adquirir a existência em e através do outro. É uma atitude kenótica, uma doação de si [...]. Isso é o que ocorre na Trindade, em que o Pai ama dando tudo de si mesmo ao Filho e fazendo-o existir como Filho. [...] Isso, portanto, é o que significa ser uma pessoa humana à luz da teologia Trinitária. Significa um modo de ser no qual adquirimos as nossas identidades não nos distanciando dos outros, mas em comunhão com eles em e através de um amor que "não é interesseiro" (1Cor 13,5), mas está pronto a sacrificar o seu verdadeiro ser para permitir ao outro ser e ser outro. É exatamente o modo de ser que se encontra na Cruz de Cristo, em que o amor divino se revela plenamente em nossa existência histórica[41].

Portanto sendo Cristo pessoa divina, trinitária, tem conosco uma relação de amor que funda a nossa liberdade (cf. Gl 5,1). "Ele me amou e se entregou por mim" (Gl 2,20): poder-se-ia passar horas inteiras a repetir dentro de si essa palavra sem jamais deixar de se surpreender. Ele, Deus, amou a mim, criatura de nada e ingrata! Deu-se – a sua vida, o seu sangue – por mim. Singularmente por mim! É um abismo no qual nos perdemos.

A nossa "relação pessoal" com Cristo é, assim, essencialmente uma relação de amor. Consiste em sermos amados por Cristo e amar a Cristo. Isso vale para todos, mas assume um significado particular para os pastores da Igreja. Repete-se frequentemente (a partir do próprio

---

41. Cf. ZIZIOULAS, J. *L'idea di persona umana deriva dalla Trinità*. Conferência proferida em Milão em 2015, disponível em: https://www.chiesadimilano.it/wp-content/uploads/2017/05/Intervento-Zizioulas.

Santo Agostinho) que a rocha sobre a qual Jesus promete fundar a sua Igreja é a fé de Pedro ao tê-lo proclamado "Cristo e Filho do Deus vivo" (Mt 16,16). Deixa-se lado, parece-me, o que Jesus diz no momento da entrega, de fato, do primado a Pedro: "Simão, filho de João, tu me amas? [...] Apascenta minhas ovelhas!" (cf. Jo 21,15-16). O ofício do pastor obtém sua força secreta do amor por Cristo. O amor, não menos do que a fé, torna-o uma só coisa com a rocha, que é Cristo.

5
"Quem nos separará do amor de Cristo?"

Concluo trazendo à luz a consequência de tudo isso para a nossa vida em um momento de grande tribulação para toda a humanidade, marcado pela pandemia de covid-19, que tem prostrado a humanidade há tanto tempo. Façamo-lo explicar, também desta vez, pelo Apóstolo Paulo. Na Carta aos Romanos ele escreve: "Quem nos separará do amor de Cristo? Tribulação, angústia, perseguição, fome, nudez, perigo, espada?" (Rm 8,35).

Não se trata de uma enumeração abstrata e genérica. Os perigos e as tribulações que ele enumera são as coisas que, de fato, ele experimentou em sua vida. Descreve-as detalhadamente na Segunda Carta aos Coríntios, em que, às provas aqui elencadas, acrescenta aquela que mais lhe fazia sofrer, isto é, a oposição obstinada de alguns dos seus (cf. 2Cor 11,23ss.). O apóstolo, em outras palavras, revê em sua mente todas as provas atravessadas, constata que nenhuma delas é tão forte a ponto de combater com o pensamento do amor de Cristo, e, por isso, conclui triunfalmente: "Em tudo isso, porém, somos mais do que vencedores, graças àquele que nos amou" (Rm 8,37).

O apóstolo convida, tacitamente, cada um de nós a fazer o mesmo. Sugere-nos um método de cura interior baseado no amor. Convida-nos a trazer à tona as angústias que se estabelecem em nosso coração, as tristezas, os medos, os complexos, aquele defeito físico ou moral que não nos faz aceitar serenamente a nós mesmos, aquela lembrança penosa e humilhante, aquele mal sofrido, a oposição muda da parte de alguém. Expor tudo isso à luz do pensamento de que Deus nos ama e cortar todo pensamento negativo dizendo a nós mesmos, como o apóstolo: "Se Deus é por nós, quem será contra nós?" (Rm 8,31).

De sua vida pessoal, o apóstolo lança, logo em seguida, o olhar sobre o mundo que o rodeia e sobre a existência humana em geral:

Tenho certeza de que nem a morte, nem a vida, nem os anjos, nem os principados, nem o presente, nem o futuro, nem as potestades, nem a altura, nem a profundeza, nem outra criatura qualquer será capaz de nos separar do amor de Deus, que está em Cristo Jesus, nosso Senhor (Rm 8,38-39).

Aqui também não se trata de um elenco abstrato. Paulo observa o "seu" mundo com as forças que o tornavam ameaçador: a morte com o seu mistério, a vida presente com a sua incerteza, os poderes astrais ou os infernais que incutiam tanto terror no homem antigo. Somos convidados, mais uma vez, a fazer o mesmo: a ver o mundo que nos circunda com olhos da fé e que nos causa ainda mais medo, agora que o homem adquiriu o poder de alterá-lo com suas armas e suas manipulações. O que Paulo chama de "altura" e "profundeza" são, para nós – no conhecimento acumulado das dimensões do cosmo –, o infinitamente grande acima de nós e o infinitamente pequeno abaixo de nós. Nos últimos tempos, esse infinitamente pequeno é o coronavírus, que há algum tempo mantém de joelhos a humanidade inteira.

Daqui a uma semana será Sexta-feira Santa e, logo depois, Domingo da Ressurreição. Ressurgindo, Jesus não voltou à vida de antes, como Lázaro, mas a uma vida melhor, livre de todo afã. Esperemos que seja assim também para nós. Que do sepulcro em que a pandemia de covid-19 colocou a todos, o mundo – como nos repete continuamente o Papa Francisco – saia melhor, não o mesmo de antes.